MINISTÈRE DE L'INSTRUCTION PUBLIQUE

BIBLIOTHÈQUE, OFFICE ET MUSÉE
DE L'ENSEIGNEMENT PUBLIC
(MUSÉE PÉDAGOGIQUE)

BIBLIOTHÈQUE CIRCULANTE
A L'USAGE DES INSTITUTEURS ET DES INSTITUTRICES
Rue Gay-Lussac, n° 41, Paris (V°)

AVIS

Depuis le commencement de l'année 1882, une Bibliothèque circulante, destinée à faciliter la préparation aux divers examens professionnels de l'enseignement primaire, a été annexée au Musée pédagogique.

Plus tard, on y fit entrer des livres d'un autre genre, plus spécialement destinés à la préparation de conférences populaires.

Il était dit dans l'*Avis* placé en tête du *Catalogue* : « Les ouvrages dont se compose la Bibliothèque circulante ne sont pas des livres élémentaires, mais des ouvrages d'étude destinés à compléter les leçons de l'École primaire supérieure ou de l'École normale primaire. Ils ne peuvent profiter qu'aux personnes qui ont déjà l'habitude des études sérieuses et du travail personnel ».

Puis des années s'écoulèrent sans que le Catalogue fut l'objet d'aucun remaniement.

Après la réorganisation du Musée pédagogique, en 1904, on fut amené à constater : 1º qu'un fort grand nombre de livres inscrits au Catalogue de la Bibliothèque circulante n'avaient jamais été demandés ; 2º que, parmi ceux qui circulaient, il y en avait de vieillis.

Deux mesures s'imposaient donc : retirer les livres qui n'avaient jamais été demandés ; remplacer peu à peu les livres vieillis par les dernières éditions des meilleurs ouvrages. — Les éliminations et les substitutions les plus urgentes ont été opérées au cours de l'exercice 1905, et depuis.

En outre, on a pensé que les clients de la Bibliothèque circulante seraient peut-être bien aises d'y trouver, à côté de livres pour la préparation des examens ou des conférences, quelques grands traités généraux, les meilleurs de ceux qui ont été composés pour faire connaître au public cultivé l'état actuel de la science dans ses principaux domaines. Il semble *à priori* que des hommes intelligents obligés de résider loin des villes où les ouvrages de ce genre se trouvent quelquefois (pas toujours), hors d'état de les acquérir et même d'en connaître l'existence, pourraient considérer comme un bienfait, dans leur solitude intellectuelle, qu'ils leur fussent révélés et prêtés. — Toutefois avant de procéder à des acquisitions coûteuses (il s'agit ici de livres chers dont la Bibliothèque circulante doit posséder plusieurs exemplaires), on a tenu à demander leur avis aux intéressés. Une circulaire fut envoyée aux clients de la Bibliothèque circulante pour leur poser la question : de tels livres leur seraient-ils agréables ou utiles ? Les réponses ont été, en majorité, affirmatives. Or, il aurait suffi qu'une minorité exprimât cette opinion pour que l'expérience fût pleinement justifiée.

Le présent Catalogue, *qui annule les précédents*, fait connaître l'état actuel de la Bibliothèque.

Il n'est pas définitif, pour deux raisons : d'abord, parce que la modicité du budget dont le Musée pédagogique dispose n'a pas permis d'acquérir tout ce qui, si l'on n'avait pas été obligé de compter, aurait pu être acquis ; ensuite, parce que le catalogue d'une bibliothèque comme celle-ci n'est jamais définitif; il faut qu'une bibliothèque comme celle-ci soit continuellement tenue au courant des productions nouvelles.

Le Catalogue de la Bibliothèque circulante sera, désormais, tiré à petit nombre, de sorte qu'il puisse en être donné une ou deux fois par an des éditions nouvelles, où seront pratiquées au fur et à mesure les additions et les suppressions dont l'utilité aura été reconnue.

Avril 1913.

Le présent catalogue, qui annule les précédents, sera envoyé à toute personne qui le demandera, par lettre affranchie, à la Direction du Musée pédagogique.

Les demandes de livres devront être adressées à M. le Ministre de l'Instruction publique, Direction du Musée Pédagogique, 41, rue Gay-Lussac, à Paris (V^e). Ces demandes devront être établies sur les feuilles spéciales mises à la disposition des lecteurs par la Bibliothèque.

La première demande de livres devra être soumise, par son auteur, au visa de l'inspecteur d'Académie ou de l'inspecteur primaire.

Les livres demandés seront envoyés par les soins de la Direction du Musée pédagogique et devront lui être retournés dans un délai *maximum* de deux mois. Le port au retour sera seul à la charge de l'emprunteur.

Toutefois, toute demande de livres faite par des personnes n'appartenant pas à l'enseignement public devra être accompagnée d'une somme de 0 fr. 70 en mandat ou timbres-poste, représentant le prix minimum du colis postal en gare et les frais d'affranchissement de la lettre d'avis.

Pour chaque envoi, le nombre des volumes ne pourra former un poids supérieur à 5 kilogrammes.

Les livres empruntés devront avoir été retournés au Musée pédagogique pour qu'on puisse obtenir un autre prêt. Il ne serait pas donné suite aux demandes des personnes qui, à deux reprises, n'auraient pas effectué le renvoi des ouvrages au temps fixé, ou des personnes qui les auraient maculés, détériorés en quelque façon.

En cas de perte ou de détérioration grave des livres prêtés, l'emprunteur sera tenu d'en payer le prix d'après le Catalogue, ou de les remplacer au Musée pédagogique.

Le nombre d'exemplaires dont le Musée pédagogique peut disposer étant limité, il n'est pas bon de demander beaucoup de livres à la fois. Il est préférable de se borner à ce qu'on peut lire et étudier sérieusement pendant deux mois, sans y mettre de précipitation, en revenant au besoin sur la première lecture et en prenant des notes. *La prolongation du prêt ne doit être demandée que lorsque, par cas de force majeure, on n'a pu donner à l'étude des ouvrages tout le temps désirable*; et, comme des abus se sont produits à cet égard, les demandes de ce genre ne seront désormais accueillies que si elles sont justifiées. La prolongation a l'inconvénient d'immobiliser les ouvrages et de priver quantité de lecteurs des volumes dont ils ont besoin.

La Direction du Musée pédagogique a eu, assez rarement, il est vrai, à refuser de continuer des prêts à des lecteurs qui, sur les ouvrages prêtés, marquaient au crayon certains passages ou faisaient des annotations de divers genres. A cet égard, elle ne saurait se départir d'une légitime sévérité, et elle rappelle aux lecteurs qu'il s'agit de conserver une propriété de l'État, et que les habitudes d'ordre sont au premier rang parmi les qualités d'un bon maître.

CATALOGUE

SECTION I
LANGUE ET LITTÉRATURE

NUMÉROS D'ORDRE	NOMS DES AUTEURS	TITRE DES OUVRAGES	NOMBRE DE VOLUMES	FORMAT	DATE de L'ÉDITION	PRIX FORT
						fr. c.
		Grammaire et linguistique.				
1	Bourciez (E.)	Précis historique de phonétique française	1	In-12.	1900	3 50
2	Bréal (M.)	Essai de sémantique (science des significations), 5ᵉ édition	1	—	1911	3 50
3	Brunot (F.)	Grammaire historique de la langue française	1	—	1887	6 00
4	—	Histoire de la langue française, des origines à 1900 (tome 1ᵉʳ, de l'époque latine à la Renaissance)	1	In-8.	1905	15 00
5	—	— (t. II, le xvıᵉ siècle)	1	—	1906	15 00
6	—	— (t. III, la formation de la langue classique (1600-1660)	2	—	1909-11	20 00
7	—	L'enseignement de la langue française. Ce qu'il est, ce qu'il devrait être dans l'enseignement primaire	1	In-12.	1909	2 00
8	....	Conférences du Musée pédagogique, 1906. L'enseignement de la grammaire, par MM. V. Henry, F. Brunot, L. Sudre, Ch. Maquet	1	In-8.	1906	3 50
9	....	Conférences du Musée pédagogique, 1909. L'enseignement du français, par MM. G. Lanson, G. Rudler, A. Cahen, J. Bezard	1	—	1909	3 50
10	Darmesteter (A.)	La vie des mots étudiée dans leur signification	1	In-12.	1889	2 00
11	Dauzat (A.)	La langue française d'aujourd'hui	1	—	1908	3 50
12	Lanson (G.)	Conseils sur l'art d'écrire	1	—	1903	2 50
13	—	L'art de la prose	1	—	1909	3 50
14	Meillet (A.)	Introduction à l'étude comparative des langues indo-européennes	1	In-8.	1908	10 00
15	Nyrop (K.-R.)	Grammaire historique de la langue française	3	—	1904-08	30 00
16	Reinach (S.)	Cornélie ou le latin sans pleurs	1	In-12.	1912	5 00
17	—	Eulalie ou le grec sans larmes	1	—	—	5 00
18	Rudler (G.)	L'explication française	1	In-8.	1907	3 00
19	Schwan-Behrens	Grammaire de l'ancien français (trad. Bloch)	1	—	1900	7 00
20	Stapfer (P.)	Récréations grammaticales et littéraires	1	In-12.	1909	3 50
21	Tobler (A.)	Le vers français ancien et moderne (trad. Breul et Sudre)	1	In-8.	1885	5 00

N° d'ordre	NOMS DES AUTEURS	TITRE DES OUVRAGES	NOMBRE DE VOLUMES	FORMAT	DATE DE L'ÉDITION	PRIX FORT
						fr. c.
		Critique et Histoire littéraire.				
22	Anglade (J.)..	Les troubadours................	1	In-12	1908	3 50
23	Bossert (A.).	Histoire de la littérature allemande.....	1	—	1904	5 00
24	Brunetière(F.).	Manuel de l'histoire de la littérature française.................	1	In-8.	1899	5 00
25	Chesterton(G.-E.)	Charles Dickens (trad. A. Laurent et L. Martin-Dupont)........	1	In-12.	s. d.	3 50
26	Croiset (A.)..	Leçons de littérature grecque......	1	—	1903	2 00
27	Croiset A. et M.).	Manuel d'histoire de la littérature grecque.	1	—	1900	6 00
28	— —	Histoire de la littérature grecque...	5	In-8.	1887-99	44 00
29	Darmesteter(A.) et Hatzfeld(A.).	Le XVIe siècle en France; morceaux choisis des principaux écrivains du XVIe siècle..	2	In-12	1878-87	4 00
30	Faguet (E.).	La littérature du XVIe siècle. — Nlle édition.	1	—	s. d.	3 50
31	—	La littérature du XVIIe siècle. —	1	—	s. d.	3 50
32	—	La littérature du XVIIIe siècle. —	1	—	s. d.	3 50
33	—	La littérature du XIXe siècle. —	1	—	s. d.	3 50
34	—	Vie de Rousseau................	1	—	(1911)	3 50
35	Fitzmaurice-Kelly (J.).	Littérature espagnole (trad. Davray).....	1	In-8.	1904	5 00
36	Gosse (E.).	Littérature anglaise (trad. Davray).....	1	—	1904	5 00
37	Hauvette (H.).	Histoire de la littérature italienne......	1	—	1906	5 00
38	Herriot (E.).	Précis de l'histoire des lettres françaises	1	In-12	1907	4 50
39	Lanson (G.).	Histoire de la littérature française.....	1	—	1906	4 50
40	—	Voltaire....................	1	—	1906	2 00
41	Nisard (Ch)..	Histoire de la littérature française.....	4	—	1881	16 00
42	Paris (G.)..	La littérature française au moyen âge...	1	—	1905	3 50
43	—	Esquisse historique de la littérature française au moyen âge.............	1	—	1907	3 50
44	Pellisson (M.).	Les hommes de lettres au XVIIIe siècle.	1	—	1911	3 50
45	Persky (S.).	Les maîtres du roman russe contemporain............	1	—	1912	3 50
46	Petit de Julleville (L.).	Leçons de littérature française.........	2	—	1891	8 00
47	Pichon (R.)..	Histoire de la littérature latine.......	1	—	1903	5 00
48	Prévost-Paradol........	Études sur les moralistes français.....	1	—	1880	3 50
49	Sainte-Beuve..	Extraits des lundis..............	1	—	1891	3 50
50	Stapfer (P.)..	Humour et humoristes............	1	—	1911	3 50
51	Strowski (F.).	Tableau de la littérature française au XIXe siècle................	1	—	1912	3 50
52	Taine (H.)..	La Fontaine et ses fables...........	1	—	1892	3 50
53	Van Gennep(A.)	La formation des légendes..........	1	—	1910	3 50
54	Wieger (L.).	Folk-Lore chinois moderne..........	1	—	(1909)	12 00
		Œuvres des grands écrivains.				
55	....	Anthologie de la littérature anglaise des origines au XVIIIe siècle, par A. Koszul..................	1	In-12	s. d.	3 50
56	....	Anthologie des poètes français contemporains..................	3	—	—	10 00
57	Arnaud......	La logique de Port-Royal. — Édition Charles.................	1	—	1878	3 00
58	Balzac......	Pages choisies................	1	—	1907	3 50
59	Beaumarchais.	Pages choisies................	1	—	1902	3 50
60	Bédier (J.)..	Le roman de Tristan et Iseut........	1	—	s. d.	3 50
61	Boileau......	Œuvres. — Édition Brunetière.........	1	—	1893	1 50

BIBLIOTHÈQUE CIRCULANTE

NUMÉROS D'ORDRE	NOMS DES AUTEURS	TITRE DES OUVRAGES	NOMBRE DE VOLUMES	FORMAT	DATE DE L'ÉDITION	PRIX FORT
						fr. c.

Œuvres des grands écrivains (suite).

N°	Auteur	Titre	Vol.	Format	Date	Prix
62	Bossuet	Choix de sermons. — Édition Gandar	1	In-12	1881	3 50
63	—	Oraisons funèbres. — Édition Rebelliau	1	—	1906	2 50
64	Cahen (A.)	Morceaux choisis des auteurs français (prose et poésie)	2	—	1889	7 00
65	Chamfort	Les plus belles pages	1	—	1909	3 50
66	Chateaubriand	Pages choisies	1	—	1907	3 50
67	Chénier (A.)	Poésies	1	—	1907	3 50
68	Corneille	Théâtre choisi	1	—	1880	3 00
69	Descartes	Œuvres choisies. — Édition Fouillée	1	—	1877	2 50
70	—	Discours de la méthode. — Édition Rabier	1	—	1885	2 00
71	Diderot	Extraits. — Édition Tourneux	1	—	s. d.	1 50
72	Flaubert	Pages choisies	1	—	1906	3 50
73	France (A.)	Pages choisies	1	—	1905	3 50
74	Gautier (Th.)	Pages choisies	1	—	1905	3 50
75	Goethe	Pages choisies	1	—	1901	3 50
76	Goncourt (E. et J. de)	Pages choisies	1	—	1906	3 50
77	Heine (Henri)	Les plus belles pages	1	—	1908	3 50
78	Hérodote	Récits tirés des histoires — Trad. Bouchot	1	—	1880	3 00
79	Homère	Pages choisies	1	—	1905	3 50
80	Hugo (Victor)	Orientales — Feuilles d'automne — Chants du crépuscule	3	—	s. d.	7 50
81	—	Contemplations	2	—	—	7 00
82	—	Morceaux choisis (poésie)	1	—	—	3 50
83	—	— (prose)	1	—	—	3 50
84	Joinville	Histoire de Saint-Louis. — Édition de Wailly	1	—	1882	2 00
85	Jullian (C.)	Extraits des historiens français du XIXe siècle	1	—	1898	3 50
86	La Bruyère	Les Caractères. — Édition Chassang	1	—	1881	3 00
87	La Fontaine	Fables — Édition Aubertin	1	—	s. d.	1 60
88	Lamartine	Méditations et harmonies	3	—	1880	10 50
89	—	Extraits de l'œuvre. — Édition Roberty	1	—	1887	3 00
90	—	Jocelyn	1	In-8	1882	7 50
91	Lanson (G.)	Choix de lettres du XVIIe siècle	1	In-12	1898	2 50
92	Laurent (G.)	Les grands écrivains scientifiques, de Copernic à Berthelot	1	—	1906	3 00
93	Lavisse (E.)	Souvenirs	1	—	s. d.	3 50
94	Lesage	Pages choisies	1	—	1907	3 50
95	Loti	Pages choisies	1	—	1906	3 50
96	Maupassant (G. de)	Contes choisis	1	—	1907	3 50
97	Mérimée	Pages choisies	1	—	1906	4 00
98	Michelet	Anthologie — Édition Seignobos	1	—	1889	5 00
99	Molière	Théâtre choisi	1	—	1880	2 50
100	Montaigne	Essais	2	—	1886	3 50
101	Musset (A. de)	Pages choisies	1	—	1906	3 50
102	Nerval (G. de)	Les plus belles pages	1	—	1907	3 50
103	Nietzsche (F.)	Pages choisies	1	—	1910	3 50
104	Paris (G.) et Langlois (E.)	Chrestomathie du moyen âge	1	—	1906	3 00
105	Pascal	Pensées — Édition Havet	1	—	1880	3 00
106	—	Les Provinciales. — Édition Havet	2	—	1887	7 50
107	Petit de Julleville (L.)	Extraits des chroniqueurs français au moyen âge	1	—	1893	2 50

Œuvres des grands écrivains (suite).

NUMÉROS D'ORDRE	NOMS DES AUTEURS	TITRE DES OUVRAGES	NOMBRE DE VOLUMES	FORMAT	DATE DE L'ÉDITION	PRIX FORT
						fr. c.
108	Plutarque	Vie des Grecs illustres. — Édition Feillet	1	in-12	1878	2 25
109	Plutarque	Vie des Romains illustres — Édit. Feillet	1	—	1889	2 25
110	Rabelais	Pages choisies	1	—	1906	3 50
111	Racine	Théâtre choisi	1	—	s. d.	3 00
112	Renan	Pages choisies	1	—	1890	3 50
113	Revon (M.)	Anthologie de la littérature japonaise des origines au xx° siècle	1	—	[1910]	3 50
114	Rousseau (J.-J.)	Pages choisies	1	—	1907	3 00
115	Saint-Simon	Scènes et portraits choisis dans les mémoires	2	—	1876	7 00
116	Sand (George)	Pages choisies	1	—	s. d.	3 50
117	Sévigné (Mme de)	Lettres choisies. — Édition Labbé	1	—	1886	3 00
118	Shakespeare	Théâtre choisi	3	—	1878	3 75
119	Stendhal (Henri Beyle)	Pages choisies	1	—	1901	3 50
120	Tolstoï	Pages choisies	1	—	1910	3 50
121	Tourgueneff	Pages choisies	1	—	1900	3 50
122	Vigny (A. de)	Morceaux choisis	1	—	s. d.	3 50
123	Voltaire	Siècle de Louis XIV. — Édition Genouille	1	—	s. d.	2 75
124	—	Lettres choisies. — Édition Fallex	1	—	1887	5 00
125	Zola	Pages choisies	1	—	1904	3 50

SECTION II
HISTOIRE ET GÉOGRAPHIE

NUMÉROS D'ORDRE	NOMS DES AUTEURS	TITRE DES OUVRAGES	NOMBRE DE VOLUMES	FORMAT	DATE de L'ÉDITION	PRIX FORT
						fr. c.
		Histoire.				
126	Albert-Petit (A).	Les vieilles provinces de France.......				
	—	Histoire de Normandie, par A. Albert-Petit. — 4ᵉ édition.............	1	In-8.	[1911]	3 00
	—	Histoire de Franche-Comté, par L. Febvre.	1	—	1912	3 00
	—	Histoire d'Alsace, par Rod. Reuss. — 5ᵉ édition............	1	—	1912	3 50
127	Aulard (A.)..	Histoire politique de la Révolution française.............	1	—	1912	12 00
128	Babut (E.-Ch.)	Saint Martin de Tours............	1	—	1903	6 00
129	Bohmer (H.).	Les Jésuites (trad. G. Monod.).......	1	In-12.	1910	4 00
130	Bouché-Leclercq(A.)	Leçons d'histoire grecque............	1	—	1908	3 50
131	—	Leçons d'histoire romaine...........	1	—	1909	3 50
132	Brisson (P.).	Histoire du travail	1	—	1906	5 00
133	Cazamian (L.).	L'Angleterre moderne, son évolution ...	1	—	1911	3 50
134	Champion (E.)	La France d'après les cahiers de 1789...	1	—	1907	3 50
135	—	Vue générale de l'histoire de France....	1	—	1908	3 50
136	—	J.-J. Rousseau et la Révolution française.	1	—	1909	3 50
137	Chantepie de la Saussaye(P.-D.)	Manuel d'histoire des religions (trad. Hubert et Lévy).........	1	In-8.	1904	16 00
138	....	Conférences faites au Musée Guimet: XIX. S. Lévi: les Jâtakas. — R. Cagnat: Les Vestales et leur couvent. — S. Reinach: Actéon. — V. Loret: L'Égypte au temps du totémisme. — E. Pottier: La collection Louis de Clercq. XX. H. Parmentier: La religion ancienne de l'Annam. — P. Pierret: Les interprétations de la religion égyptienne. — V. Henry: Sôma et Haoma. — Mᵐᵉ Menant: Anquetil Duperron à Surate. — Ph. Berger: La Tunisie ancienne et moderne. — Ph. Berger: Le code d'Hammourabi. — A. Moret: La magie dans l'Égypte ancienne. XXV. R. Cagnat: Figures de Romaines. — Dʳ Hamy: Croyances et pratiques des premiers Mexicains. — S. Reinach: Prométhée. — E. Sénart: Origines bouddhiques. — A. Gayet: Le culte bachique à Antinoé. — S. Lévi: La formation religieuse de l'Inde contemporaine. XXIX. R. Cagnat: Figures d'impératrices romaines. — A. Moret: L'immortalité de l'âme et la sanction morale dans l'Égypte ancienne. — L. de Milloué: Le temple d'Angkor. — E. Pottier: Le problème de l'art dorien. — Dʳ Matignon: Moukden et ses tombes. — S. Reinach: L'idée du péché original.				

NUMÉROS D'ORDRE	NOMS DES AUTEURS	TITRE DES OUVRAGES	NOMBRE DE VOLUMES	FORMAT	DATE de L'ÉDITION	PRIX FORT
						fr. c.
		Histoire (suite).				
139	....	XXX. G. Bénédite : Les origines du mastaba. — A. Gayet : Le Destin, la divination égyptienne et l'oracle d'Antinoüs. — A. Foucher : Les représentations de Jâtakas sur les bas reliefs de Barhut. — L. de Milloué : Quelques ressemblances entre le bouddhisme et le christianisme. — E. Naville : L'art égyptien. — Mlle Menant : Zoroastre d'après la tradition parsie............ XXXI. T. Homolle : L'administration des temples en Grèce. — S. Reinach : Mythologie et religion des Germains. — L. de Milloué : Le Svastika. — S. Lévi : Les saintes Écritures du Bouddhisme. Comment s'est constitué le Canon sacré. — R. Cagnat : Le commerce et la propagation des religions dans le monde romain. — L. Delaporte : La glyptique de Sumer et d'Akkad. — A. Moret : La Révolution religieuse d'Aménophis IV............ XXXII. A. Lafaye : Éphèse romaine (les fouilles de 1896 à 1904). — R. Pichon : La légende d'Hercule à Rome. — Le Dr Capitan : Les sacrifices dans l'Amérique ancienne. — E. Revillout : Opinions philosophiques d'une dame du IIe siècle, d'après un papyrus démotique. — J. Bacot : Pèlerinage du Dokerla (Tibet sud-oriental). — Mme Dieulafoy : L'évolution religieuse de l'Espagne au XVIe siècle. — A. Moret : Le jugement des morts en Égypte et hors d'Égypte............ XXXIV. L. de Milloué : Le Sacrifice. — A. Moret : Le grand temple de Deir-el-Bahari. — R. Dussaud : Les sacrifices humains chez les Cananéens, d'après les fouilles récentes. — R. Cagnat : Un pèlerinage à Némi. — A. Foucher : La porte orientale du Stûpa de Sânchi (moulage du Musée Guimet). — F. Cumont : Les idées du paganisme romain sur la vie future. — L. Delaporte : La glyptique de l'Assyrie...... XXXV. E. Guimet : Lucien de Samosate, philosophe. — H. Cordier : La piété filiale et le culte des ancêtres en Chine. — S. Reinach : Thékla. — Mlle D. Menant : Les rites funéraires des zoroastriens dans l'Inde. — R. Pichon : Le mariage religieux à Rome. — Von Le Coq : Exploration archéologique à Tourfan.	9	In-12.	1906-1910	31 50
		Conférences du Musée pédagogique, 1907. L'enseignement de l'histoire, par MM. Ch. Seignobos, Ch.-V. Langlois, L. Gallouédec, M. Tourneur............	1	In-8.	1907	3 50

Histoire (suite).

NUMÉROS D'ORDRE	NOMS DES AUTEURS	TITRE DES OUVRAGES	NOMBRE DE VOLUMES	FORMAT	DATE de L'ÉDITION	PRIX FORT
						fr. c.
140	Croiset (A.)..	Les démocraties antiques.............	1	In-12.	1909	3 50
141	Denis (E.)...	La fondation de l'Empire allemand (1852-1871)..	1	In-8.	s. d.	10 00
142	Dide (A.)...	La fin des religions...............	1	In-12.	1906	3 50
143	Dottin (G.)..	Manuel pour servir à l'étude de l'antiquité celtique..................	1	—	1906	5 00
144	France (A.)..	Vie de Jeanne d'Arc...............	2	In-8.	[1908]	15 00
145	Ferrero (G.)..	Grandeur et décadence de Rome. I. La conquête. II. Jules César. III. La fin d'une aristocratie. IV. Antoine et Cléopâtre. V. La République d'Auguste. VI. Auguste et le grand empire (trad. Mengin).	6	In-12.	1905 et s.	21 00
146	Galland (E.)..	L'affaire Sirven..................	1	In-8.	s. d.	6 00
147	Gardiner (R.)..	Manuel d'histoire d'Angleterre (trad. de Mme Beck) (Des origines à 1509)......	1	—	1905	5 00
148	Guignebert (Ch.)	Manuel d'histoire ancienne du christianisme. Les origines............	1	In-12.	1906	4 00
149	Guiraud (P.)..	Lectures historiques. *Histoire de la Grèce*. (La vie privée et la vie publique des Grecs)	1	—	1894	5 00
150	— ...	Lectures historiques. *Histoire romaine* (La vie privée et la vie publique des Romains).	1	—	1896	5 00
151	— ...	Études économiques sur l'antiquité......	1	—	1905	3 50
152	Langlois (Ch.-V.)	La Société française au XIIIe siècle d'après dix romans d'aventure...........	1	—	1904	3 50
153	— .	La Vie en France au moyen-âge d'après quelques moralistes du temps.......	1	—	1908	3 50
154	— .	La connaissance de la nature et du monde au moyen-âge d'après quelques écrits à l'usage des laïcs............	1	—	1911	3 50
155	Langlois (Ch.-V.) et Seignobos (Ch.)	Introduction aux études historiques....	1	—	1905	3 50
	Lavisse (E.).	Histoire de France depuis les origines jusqu'à la Révolution				
156	— ...	I. 1. Tableau de la géographie de la France, par P. Vidal de la Blache...	1	In-8.	1903	6 00
157	— ...	I. 2. Les origines. La Gaule indépendante et la Gaule romaine, par G. Bloch.	1	—	1901	6 00
158	— .	II. 1. Le christianisme. Les Barbares. Mérovingiens et Carolingiens, par C. Bayet, C. Pfister, A. Kleinclausz.	1	—	1903	6 00
159	— ...	II. 2. Les premiers Capétiens (987-1137), par A. Luchaire.............	1	—	1902	6 00
160	— .	III. 1. Louis VII. Philippe-Auguste. Louis VIII, (1137-1226) par A. Luchaire.	1	—	1901	6 00
161	— .	III. 2. Saint Louis. Philippe le Bel. Les derniers Capétiens directs (1226-1328), par Ch.-V. Langlois	1	—	—	6 00
162	— .	IV. 1. Les premiers Valois et la Guerre de Cent ans (1328-1422), par A. Coville.	1	—	1902	6 00
163	— .	IV. 2. Charles VII, Louis XI et les premières années de Charles VIII (1422-1492), par Ch. Petit-Dutaillis	1	—	1902	6 00
164	— ...	V. 1. Les Guerres d'Italie. La France sous Charles VIII, Louis XII et François Ier (1492-1547), par H. Lemonnier.	1	—	1903	6 00
165	— ...	V. 2. La lutte contre la Maison d'Autriche. La France sous Henri II (1519-1559), par H. Lemonnier.......	1	—	1904	6 00
166	— ...	VI. 1. La Réforme et la Ligue. L'Édit de Nantes (1559-1598), par J.-H. Mariéjol.	1	—	—	6 00

Histoire (suite).

NUMÉROS D'ORDRE	NOMS DES AUTEURS	TITRE DES OUVRAGES	NOMBRE DE VOLUMES	FORMAT	DATE de L'ÉDITION	PRIX FORT
						fr. c
167	Lavisse (E.).	VI. 2. Henri IV et Louis XIII (1598-1643), par J.-H. Mariéjol..........	1	In-8	1905	6 00
168	—	VII. 1. Louis XIV. La Fronde, le roi Colbert (1643-1685), par E. Lavisse...	1	—	1906	6 00
169	—	VII. 2. Louis XIV. La religion. Les lettres et les arts. La guerre (1643-1685), par E. Lavisse..........	1	—	1907	6 00
170	—	VIII.1.Louis XIV. La fin du règne (1685-1715), par A. de Saint-Léger, A. Rébelliau, P. Sagnac, E. Lavisse......	1	—	1908	6 00
171	—	VIII.2.Le règne de Louis XV (1715-1774), par H. Carré..........	1	—	1909	6 00
172	—	IX. 1. Le règne de Louis XVI (1774-1789), par H. Carré, P. Sagnac, E. Lavisse...	1	—	1910	6 00
173	Lichtenberger (H.).	L'Allemagne moderne.........	1	In 12.	1908	3 50
174	Louis (P.).	Histoire du mouvement syndical en France (1789-1906)..........	1	—	1907	3 50
175	Luchaire (A.).	Innocent III. La croisade des Albigeois.	1	—	1906	3 50
176	Maspero (G.).	Au temps de Ramsès et d'Assourbanipal.	1	—	1910	5 00
177	Mathiez (A.).	La Révolution et l'Église. Études critiques et documentaires..........	1	—	1910	3 50
178	Michelet	Précis de l'histoire moderne..........	1	—	1881	3 50
179	Moret (A.).	Au temps des Pharaons..........	1	—	1908	4 00
180	Naudeau (L.).	Le Japon moderne. Son évolution.....	1	—	1909	3 50
181	Pirenne (H.).	Les anciennes démocraties des Pays-Bas.	1	—	1910	3 50
182	Reinach (S.).	Orpheus. Histoire générale des religions.	1	—	1909	6 00
183	Seignobos (Ch.).	Histoire de la civilisation..........	2	—	1887	6 00
184	—	Histoire politique de l'Europe contemp.	1	In-8.	1905	12 00
185	—	Antiquité romaine et pré-moyen âge...	1	In-12.	1903	3 50
186	—	Le moyen-âge..........	1	—	1904	3 00
187	—	Histoire moderne..........	2	—	—	9 00
188	—	Histoire contemporaine..........	1	—	—	5 00
189	Tocqueville (A. de).	L'ancien régime et la Révolution......	1	In-8	1877	6 00
190	Vast (H.) et Jallifier (R.).	Histoire de l'Europe et particulièrement de la France, de 395 à 1270, de 1270 à 1610 et de 1610 à 1789..........	3	In-12.	1893	17 50
	Zeller (B.).	L'histoire de France racontée par les contempor.				
	—	La Gaule et les invasions..........	1	—	1890	2 00
	—	Les Mérovingiens..........	1	—	1880	1 50
	—	Charlemagne et ses successeurs.....	1	—	1882	2 00
	—	Avènement des Capétiens. — Philippe-Auguste..........	1	—	1883	2 00
	—	Saint Louis. — Philippe le Hardi. — Philippe le Bel..........	1	—	1884	1 50
	—	Philippe VI. — Jean le Bon..........	1	—	1885	2 00
191	—	Charles V et Duguesclin	1	—	1886	1 00
	—	Charles VI..........	1	—	—	2 00
	—	Charles VII et Louis XI..........	1	—	1888	0 50
	—	Charles VIII..........	1	—	1889	0 50
	—	Louis XII..........	1	—	1889	0 50
	—	François Ier (1re partie)..........	1	—	1890	0 50
	—	François Ier (2e partie)..........	1	—	—	0 50
	—	Henri II..........	1	—	—	0 50
	—	François II et Charles IX..........	1	—	—	0 50
	—	Henri III et la Ligue..........	1	—	1887	0 50
	—	Henri IV..........	1	—	1888	0 50

Histoire de l'Art.

NUMÉROS D'ORDRE	NOMS DES AUTEURS	TITRES DES OUVRAGES	NOMBRE DE VOLUMES	FORMAT	DATE de L'ÉDITION	PRIX FORT
						fr. c
	Ars una,species mille...	Histoire générale de l'Art (en cours de publication)				
192	—	Grande-Bretagne et Irlande, par Sir Walter Armstrong	1	In-12.	1910	7 50
193	—	France, par Louis Hourticq	1	—	1911	7 50
194	—	Italie du nord, par C. Ricci	1	—	—	7 50
195	—	Égypte, par G. Maspero	1	—	1912	7 50
196	Bayet (Ch.)	Précis de l'histoire de l'art	1	In-8.	1905	3 50
197	Bertrand (L.)	La Grèce du soleil et des paysages	1	In-12.	1908	3 50
198	Choisy (A.)	Histoire de l'architecture	2	—	s. d.	40 00
[138]	—	Conférences du Musée Guimet (voir n° 138)	9	—	1906-10	31 50
199	Déchelette (J.)	Manuel d'archéologie préhistorique, celtique et gallo-romaine (en cours de publication)				
		I. Archéologie préhistorique	1	In-8.	1908	17 00
		II. Archéologie celtique ou protohistorique. Première partie : âge de bronze. Appendices	1	—	1910	17 00
200	Enlart (C.)	Manuel d'archéologie française. I. Architecture religieuse. II. Architecture civile et militaire	2	—	1904	34 00
201	Lavoix (H.)	Histoire de la musique	1	In-8.	s. d.	3 50
202	Marcel (H.)	La peinture française au XIXᵉ siècle	1	—	—	3 50
	Michel (A.)	Histoire de l'art depuis les premiers temps chrétiens jusqu'à nos jours (en cours de publication)				
203	—	I. Des débuts de l'art chrétien à la fin de la période romane	2	In-4.	1905	44 00
204	—	II. Formation, expansion et évolution de l'art gothique	2	—	1906	44 00
205	—	III. Le réalisme. — Les débuts de la Renaissance	2	—	1907-08	44 00
206	—	IV. La Renaissance	2	—	1909-11	44 00
207	—	V. La Renaissance dans les pays du Nord. — Formation de l'art classique moderne	1	—	1912 et s.	44 00
208	Migeon G.)	Manuel d'art musulman. Les arts plastiques et industriels	1	In-8.	1907	17 00
209	—	Au Japon. Promenades aux sanctuaires de l'art	1	In-12.	1908	3 50
210		Le Musée d'art. Des origines au XIXᵉ siècle, par E. Müntz	1	In-4.	s. d.	27 00
211		Le Musée d'art, XIXᵉ siècle, par P. Moreau	1	—	—	34 00
212	Reinach (S.)	Apollo (Histoire générale des arts plastiques)	1	In-12.	1904	7 50
213	Rolland (R.)	Vie de Beethoven	1	—	1907	2 00
214	Rolland (R.)	Musiciens d'autrefois	1	—	1908	3 50
215	—	Musiciens d'aujourd'hui	1	—	—	3 50
216	Saladin (H.)	Manuel d'art musulman. L'architecture	1	In-8.	1907	17 00
217	Thédenat (H.)	Le forum romain et les forums impériaux	1	In-12.	1908	5 00

NUMEROS D'ORDRE	NOMS DES AUTEURS	TITRE DES OUVRAGES	NOMBRE DE VOLUMES	FORMAT	DATE de L'ÉDITION	PRIX FORT
						fr. c.
		Géographie et Économie politique.				
218	Barré (O.)....	L'architecture du sol de la France......	1	In-8.	1903	12 00
219	Bertillon (Dr J.)	La dépopulation en France. Ses causes. Ses conséquences. Mesures à prendre pour la combattre............	1	—	1911	6 00
220	....	Conférences du Musée pédagogique, 1905. L'enseignement des sciences naturelles et de la géographie, par MM. Le Dantec, Maugin, Péchoutre, Gaustier, Vidal de la Blache, Gallois, Dupuy..........	1	—	1905	4 00
221	Dubois (M.) et Kergomard (J.)	Précis de géographie économique.....	1	—	1909	9 50
222	Fallex (M.)..	L'Afrique au début du xx° siècle......	1	—	s. d.	3 50
223	Fallex (M.) et Hentgen (A.).	L'Asie au début du xx° siècle...	1	—	—	3 50
224	Fallex (M.) et Mairey (A.)..	L'Europe, moins la France, au début du xx° siècle............	1	—	—	5 00
225	— ...	Amérique et Australasie au début du xx° siècle............	1	—	—	4 00
226	— ...	Les principales puissances du monde au début du xx° siècle...	1	—	—	5 00
227	— ...	La France et ses colonies au début du xx° siècle...	1	—	—	5 00
228	Gide (C.)....	Les sociétés coopératives de consommation............	1	In-12.	1910	4 00
229	Lapparent (A. de)	Leçons de géographie physique......	1	In-8.	1898	12 00
230	Lespagnol (G.)	L'évolution de la terre et de l'homme	1	—	s. d.	5 00
231	Martonne (E. de).	Traité de géographie physique. (Climat. — Hydrographie. — Relief du sol. — Biogéographie)............	1	—	1909	20 00
232	Schrader (F.) et Gallouédec (L.)	Géographie de l'Europe............	1	In-12.	1904	3 00
[156]	Vidal de la Blache (P.)....	Tableau de la géographie de la France. (voir n° 156.)............	1	In-8.	1903	6 00
233	Vidal de la Blache (P.) et Camena d'Almeida (P.)	La France	1	In-12.	s. d.	3 25

BIBLIOTHÈQUE CIRCULANTE

SECTION III

SCIENCES PURES ET APPLIQUÉES

NUMÉROS D'ORDRE	NOMS DES AUTEURS	TITRE DES OUVRAGES	NOMBRE DE VOLUMES	FORMAT	DATE de L'ÉDITION	PRIX FORT
						fr. c.
		Mathématiques.				
234	Andrade (J.).	Le mouvement. Mesures de l'étendue et du temps..........	1	In-8.	1911	6 00
235	Arrhenius (S.)........	L'évolution des mondes (traduction Seyrig)..............	1	—	1910	7 50
236	Bigourdan (G.)........	L'astronomie. Évolution des idées et des méthodes.............	1	In-12.	1911	3 50
237	Borel (E.)	Algèbre...............	1	—	1903	2 50
238	Bos (H.)...	Éléments de trigonométrie rectiligne....	1	In-8.	1881	3 50
239	Bos (H.) et Rebière(M.-A.).	Éléments de géométrie................	1	—	—	7 00
240	Briot (Ch.)...	Leçons de cosmographie..............	1	—	1901	5 00
241	Briot (Ch.) et Vacquant (Ch.)......	Arpentage, levé des plans et nivellement........	1	In-12.	1880	3 00
242	....	Conférences du Musée pédagogique, 1904, l'enseignement des sciences mathématiques et des sciences physiques, par MM. H. Poincaré, G. Lippmann, L. Poincaré, P. Langevin, E. Borel, F. Marotte, avec une introduction de M. L. Liard...........	1	—	1904	5 00
243	Grévy (A.)...	Traité d'algèbre................	1	In-8.	s. d.	6 00
244	Guillaume (Ch.-E.)...	L'initiation à la mécanique...........	1	In-12.	1909	2 50
245	Hadamard (J.).	Leçons de géométrie élémentaire. — 1° Géométrie plane. — 2° Géométrie dans l'espace............	2	In-8.	1898-1901	16 00
246	Laisant (C.-A.)	L'initiation mathématique............	1	In-12.	1906	2 50
247	Lowell (P.)..	Mars et ses canaux, ses conditions de vie (trad. M. Moye).............	1	In-8.	1909	5 00
248	Moulan (Ch.).	Cours de mécanique élémentaire à l'usage des écoles industrielles, 3° édition revue et corrigée par G. Gerday......	1	—	1910	18 00
249	Poincaré (H.).	La science et l'hypothèse............	1	In-12.	s. d.	3 50
250	— ...	La valeur de la science.............	1	—	—	3 50
251	— ...	Science et méthode.................	1	—	1908	3 50
252	— ...	Leçons sur les hypothèses cosmogoniques, professées à la Sorbonne.	1	In-4.	1911	12 00
253	Rouse-Ball (W. W.)...	Histoire des mathématiques. Tome I, Tome II (trad. Freund)...........	2	In-8.	1906-1907	20 00
254	— ...	Récréations mathématiques et problèmes des temps anciens et modernes......	3	—	1907	15 00
255	Rudaux (L.).	Comment étudier les astres..........	1	—	1908	4 00
256	Tannery (J.).	Leçons d'arithmétique théorique et pratique.............	1	—	1904	5 00
257	Vacquant (Ch.)	Cours de trigonométrie..............	1	In-12.	1893	5 00
258	Weill (E.)...	Quelques causeries d'astronomie......	1	—	1908	3 50

Physique et Chimie.

NUMÉROS D'ORDRE	NOMS DES AUTEURS	TITRE DES OUVRAGES	NOMBRE DE VOLUMES	FORMAT	DATE de L'ÉDITION	PRIX FORT
						fr. c.
259	Abraham (H.)	Recueil d'expériences élémentaires de physique..............	2	In-8.	1904	10 00
260	Berget (A.)	La route de l'air. Aéronautique, aviation. Histoire, théorie, pratique......	1	—	1909	15 00
261	Bouty (E.)	La vérité scientifique; sa poursuite......	1	In-12.	1908	3 50
262	Brunhes (B.)	La dégradation de l'énergie........	1	—	1908	3 50
263	Chassagny (M.)	Cours élémentaire de physique......	1	—	1904	8 00
264	Claude (G.)	L'électricité à la portée de tout le monde.	1	In-8.	1906	7 50
[242]		Conférences du Musée pédagogique, 1904. L'enseignement des sciences mathématiques et des sciences physiques, par MM. H. Poincaré, G. Lippmann, L. Poincaré, P. Langevin, E. Borel, F. Marotte, avec une introduction de M. L. Liard (voir n° 242)........	1		1904	5 00
265	Darzens (G.)	Initiation chimique...............	1	In-12.	1909	2 00
266	Duhem (P.)	Thermodynamique et chimie. Leçons élémentaires. Seconde édition........	1	In-8.	1910	16 00
267	Eisenmenger (G.)	La physique, son rôle et ses phénomènes dans la vie quotidienne......	1	—	1910	4 00
268	Fernet (E.) et Faivre-Dupaigre (J.)	Traité de physique élémentaire.......	1	—	1900	8 00
269	Fesquet (E.)	Cours pratique élémentaire d'électricité industrielle...................	1	—	1907	6 00
270	Ganot Manœuvrier.	Traité élémentaire de physique......	1	In-12.	1903	6 00
271	Gay (J.)	Lectures scientifiques. Physique et chimie.	1	—	1906	5 00
272	Graetz (L.)	L'électricité et ses applications (trad. G. Tardy).	1	In-4	1910	12 00
273	Guilleminot (B.)	Les nouveaux horizons de la science. — La matière, la molécule, l'atome....	1	In-8.	1913	4 00
274	Houllevigue (L.)	Du laboratoire à l'usine...........	1	In-4.	1904	3 50
275	—	L'évolution des sciences............	1		1908	3 50
276	Joly (A.) et Lespieau (R.)	Nouveau précis de chimie.........	1	—	1907	6 00
277	Maurain (Ch.)	Les états physiques de la matière.....	1	In-12.	1910	3 50
278	Monier (E.)	La télégraphie sans fil et la télémécanique à la portée de tout le monde......	1	—	1908	2 00
279	Nicolas (E.)	Vingt leçons pratiques sur les courants alternatifs...............	1	In-8.	1907	5 00
280	Ostwald (W.)	L'évolution d'une science. La chimie (trad. M. Dufour)...........	1	In-12.	1909	3 50
281	—	L'énergie (trad. E. Philippi).......	1	—	1910	3 50
282	—	L'évolution de l'électrochimie (trad. E. Philippi)	1	—	1912	3 50
283	Pearson (K.)	La grammaire de la science. La physique (trad. sur la 3e éd. allemande p. Lucien March)	1	In-8.	1912	9 00
284	Perrin (J.)	Les atomes..................	1	In-12.	1913	2 50
285	Petit (G.-E.) et Bouthillon (L.)	T. S. F. La télégraphie sans fil. La téléphonie sans fil. Applications diverses.	1	—	[1910]	5 00
286	Poincaré (L.)	La physique moderne. Son évolution	1	—	1908	3 50
287	—	L'électricité.................	1	—	1908	3 50
288	Ramsay (Sir W.)	La chimie moderne (trad. H. de Miffonis)	2	—	1909-11	7 25
289	Troost (L.) et Péchard (E.)	Traité élémentaire de chimie........	1	—	1905	8 00
290	Turpain (A.)	Leçons élémentaires de physique.....	2	In-8.	1906	13 00
291	Vieweger (H.)	Recueil de problèmes avec solutions sur l'électricité et ses applications pratiques (trad. Capart)........	1	—	1909	9 00

NUMÉROS D'ORDRE	NOMS DES AUTEURS	TITRE DES OUVRAGES	NOMBRE DE VOLUMES	FORMAT	DATE de L'ÉDITION	PRIX FORT
						fr. c.
		Sciences naturelles.				
292	Blaringhem (L.).	Les transformations brusques des êtres vivants.	1	In-12	1911	3 50
293	Bohn (D' G.).	La naissance de l'intelligence.	1	—	1910	3 50
294	Bonnier (G.).	Botanique.	1	—	1898	3 00
295	—	Géologie.	1	—	1895	2 50
296	—	Le monde végétal.	1	—	1907	3 50
297	Bonnier (G.) et					
298	Layens (G. de)	Nouvelle flore.	1	—	1912	3 50
	—	Cours complet d'apiculture.	1	In-8	s. d.	3 50
299	Brucker (E.)	Sciences naturelles. Anatomie et physiologie animales et végétales. — Paléontologie. — Hygiène.	3	—	1905	8 00
[220]	....	Conférences du Musée pédagogique, 1905. L'enseignement des sciences naturelles et de la géographie, par MM. Le Dantec, Mangin, Péchoutre, Caustier, Vidal de la Blache, Gallois, Dupuy (voir n° 220).	1	—	1905	4 00
300	....	Conférences du Musée pédagogique 1911. L'enseignement des leçons de choses dans les classes primaires des lycées de filles et dans les écoles primaires de filles par Mlle Amieux.	1	—	1911	2 50
301		Conférences du Musée pédagogique 1912. L'enseignement des leçons de choses par MM. Brucker et Caustier.	1	—	1912	3 50
302	Costantin (J.) et Dufour (L.)	Petite flore des champignons comestibles et vénéneux.	1	In-12	1895	2 00
303	—	Nouvelle flore des champignons.	1	—	1895	5 50
304	Cuénot (L.).	La genèse des espèces animales.	1	In-8	1911	12 00
305	Dagoillon (A.)	Leçons élémentaires de botanique.	1	In-12	1897	7 50
306	Darwin (Ch.)	L'origine des espèces au moyen de la sélection naturelle.	1	In-8	1896	8 00
307	Dastre (A.).	La vie et la mort.	1	In-12	s. d.	3 50
308	Debierre (Ch.)	L'hérédité normale et pathologique.	1	In-8	1910	1 75
309	Delage (Y.) et Goldschmidt (M.)	Les théories de l'évolution.	1	In-12	1909	3 50
310	Depéret (Ch.)	Les transformations du monde animal.	1	—	1907	3 50
311	Fabre (J.-H.)	Souvenirs entomologiques. Études sur l'instinct et les mœurs des insectes.	10	In-8	1894 et s.	35 00
312	Faupin (E.)	Les champignons comestibles et vénéneux.	1	In-12	s. d.	3 50
313	Gillet (M.) et Magne (G.-H.)	Nouvelle flore française.	1	—	1879	8 00
314	Hachet - Souplet (P.)	La genèse des instincts. Étude expérimentale.				
315	Houssay (F.).	Nature et sciences naturelles.	1	—	1912	3 50
316	Laloy (L.)	Parasitisme et mutualisme dans la nature.	1	—	s. d.	3 50
317	Lapparent (A. de)	Abrégé de géologie.	1	In-8	1906	6 00
318	Launay (L. de)	La science géologique. Ses méthodes, ses résultats, ses problèmes, son histoire.	1	In-12	1905	4 00
319		Histoire de la terre.	1	In-8	1908	20 00
320	Leclerc du Sablon (M.)	Lectures scientifiques (Sciences naturelles.)	1	In-12	1903	3 50
321	Lœb (J.)	La dynamique des phénomènes de la vie.	1	In-8	1908	5 00
322	Mæterlinck (M.)	La vie des abeilles.	1	In-12	1905	9 00
323	Meunier (S.)	Excursions géologiques à travers la France.	1	In-8	1882	10 00
324	—	Les pierres et les terrains.	1	In-12	1884	2 00

NUMÉROS D'ORDRE	NOMS DES AUTEURS	TITRE DES OUVRAGES	NOMBRE DE VOLUMES	FORMAT	DATE de L'ÉDITION	PRIX FORT
						fr. c
		Sciences naturelles (suite).				
325	Montessus de Ballore(Cb. de).	La science sismologique. Les tremblements de terre..............	1	In-8.	1907	16 00
326	Perrier (R.)..	Cours élémentaire de zoologie..	1	—	1906	10 00
327	Rabaud (E.)..	Le transformisme et l'expérience..		In 12.	1911	3 50
328	Retterer (E.).	Anatomie et physiologie animales......	1	—	1896	5 00
329	Robin (A.)..	La terre, ses aspects, sa structure, son évolution...............	1	In-4.	s. d.	23 00
330	Suess (E)..	La face de la terre (trad. E. de Margerie) Première partie et deuxième partie.. Troisième partie............. Quatrième partie.............	1 1 2	In-8. — —	1905 1900 1902-11	20 00 20 00 27 00
331	Vallery-Radot (R.)....	Pasteur. — Histoire d'un savant par un ignorant.................	1	In 12	1898	3 50
332	Van Tieghem (Ph.)....	Éléments de botanique. — 1° Botanique générale ; 2° Botanique spéciale..	1	— —	— —	10 00 3 50
333	Varigny(H.de)	Curiosités de l'histoire naturelle.....	1	—	—	3 50
334	Verlot (H).	Le guide du botaniste herborisant.....	1	—	1879	3 50
335	Vries(H.de).	Espèces et variétés(trad. Blaringhem).....	1	In-8.	1909	12 00
		Agriculture et Horticulture.				
336	Airelles (J.des).	Les ruses du gibier pour échapper aux chasseurs et aux chiens.............	1	In 12.	1911	3 50
337	Ballet (Ch).	L'art de greffer................	1	—	1902	3 50
338	Berger (E)..	Les plantes potagères et la culture maraîchère........	1	—	1893	4 00
339	Berget (A.)..	La pratique des vins.............	1	—	1899	0 60
340	Hidault de l'Isle (M.)..	La destruction des animaux nuisibles (mammifères et oiseaux) à l'agriculture et à la chasse. — Procédés à employer, législation à observer.....	1	—	s. d.	3 50
341	Hois (D.)....	Le petit jardin.................	1	—	—	4 00
342	Hois (D.) et Gadeceau(G.).	Les végétaux, leur rôle dans la vie quotidienne..................	1	—	1920	4 00
343	Buchard (J.)..	Le matériel agricole............	1	—	1891	4 00
344	Gardot (E.)..	Manuel de l'arbre.............	1	In-4.	1907	1 50
345	Costantin (J.)	Le transformisme appliqué à l'agriculture.	1	In-8.	1906	6 00
346	Fabre (H)..	Chimie agricole..............	1	In-12.	1885	1 25
347	Fontan(J.-M.).	L'art de conserver la santé des animaux dans les campagnes..........	1	—	1894	5 00
348	Hitier (H.)..	Plantes industrielles...........	1	—	1895	5 00
349	Houdaille(F.).	Le soleil et l'agriculteur..........	1	—	1893	5 00
350	Klein (P.)..	Météorologie agricole et prévision du temps..	1	—	1911	5 00
351	Latière (H)..	Les cultures fruitières de plein vent...	1	—	1905	2 50
352	Muret (C.)..	Topographie. Applications spéciales à l'agriculture.......	1	—	1906	5 00
353	Passy (P.)..	Traité d'arboriculture fruitière........	3	—	1897	6 00
354	Reclus (O.)..	Manuel de l'eau.............	1	In-4.	1908	1 50
355	Vaillant (V.)..	Petite chimie de l'agriculteur........	1	In-12.	1901	0 60
356	Vermorel(V.).	Aide-mémoire de l'ingénieur agricole....	1	—	1906	15 00

NUMÉROS D'ORDRE	NOMS DES AUTEURS	TITRE DES OUVRAGES	NOMBRE DE VOLUMES	FORMAT	DATE de L'ÉDITION	PRIX FORT
						fr. c.
		Hygiène.				
357	Burnet (D')	La lutte contre les microbes	1	In-12.	1908	3 50
358	—	Microbes et Toxines	1	—	1912	3 50
(432)		Conférences du laboratoire d'hygiène scolaire 1912. L'enseignement de la puériculture par M. le D' Pinard et M. le D' Mivy (voir n° 432.)	1	In-8.	1912	3 50
359	Dufestel (D' L.)	Hygiène scolaire	1	In-12.	1909	5 00
360	Gautier - Boissière (D')	Hygiène nouvelle	1	In-8.	1909	3 75
361	Gautier (D' A.)	L'alimentation et les régimes chez l'homme sain ou le malade	1	—	1908	12 00
362	Guiart (D' J.)	Les parasites inoculateurs de maladies	1	In-12.	1911	5 50
363	Héricourt (D')	L'hygiène moderne	1	—	—	3 50
364	Le Gendre (P.) et Martinet (A.)	Les régimes usuels		In-8.	1910	5 00
365	Legrain (D')	Dégénérescence sociale et alcoolisme	1	In-12.	1895	3 50
366	Martial (D')	Notions d'hygiène féminine populaire. L'adolescente	1	—	1904	2 00
367	Philippe (D' J.) et Paul-Boncour (G.)	Les anomalies mentales chez les écoliers	1	—	1904	2 50
368	Pinard (D')	La puériculture du premier âge	1	—	—	1 50
369	Proust (A.)	Douze conférences sur l'hygiène	1	—	1891	2 50
370	Rénon (D')	Les maladies populaires. Maladies vénériennes. Alcoolisme. Tuberculose	1	In-8.	1907	5 00
371	Simon (G.)	L'art de vivre	1	In-12.	1892	3 50
372	Sieeg (J.)	Les dangers de l'alcoolisme	1	—	1896	1 25

SECTION IV

PHILOSOPHIE, MORALE ET SCIENCE DE L'ÉDUCATION

NUMÉROS D'ORDRE	NOMS DES AUTEURS	TITRE DES OUVRAGES	NOMBRE DE VOLUMES	FORMAT	DATE de L'ÉDITION	PRIX FORT fr. c.
		Philosophie et Morale.				
373	Boutroux (E.)	Questions de morale et d'éducation	1	In-12	1897	1 25
374	Buisson (F.)	La foi laïque. Extraits de discours et d'écrits (1878-1911)	1	—	1911	3 50
375	Compayré (G.)	Cours de morale théorique et pratique	1	—	s. d.	2 50
376	Cruet (J.)	La vie du droit et l'impuissance des lois	1	—	1908	3 50
377	....	De la méthode dans les sciences : 1re série, par MM. H. Bouasse, P. Delbet, E. Durkheim, A. Giard, A. Job, F. Le Dantec, L. Lévy-Bruhl, G. Monod, P. Painlevé, E. Picard, Th. Ribot, J. Tannery, P.-F. Thomas	1	—	1909	3 50
		2e série, par MM. B. Baillaud, L. Bertrand, L. Blaringhem, E. Borel, G. Lanson, L. March, A. Meillet, J. Perrin, S. Reinach, R. Zeiller	1	—	1911	3 50
378	Durkheim (E.)	Les formes élémentaires de la vie religieuse. Le système totémique en Australie	1	In-8	1912	10 00
379	Faguet (E.)	En lisant Nietzsche	1	In-12	1905	3 50
380	Fichte	Discours à la nation allemande (trad. Philippe)	1	—	s. d.	2 50
381	Forel (A.)	L'âme et le système nerveux	1	—	1906	5 00
382	—	La question sexuelle exposée aux adultes cultivés	1	—	1910	10 00
383	Fouillée (A.)	La France au point de vue moral	1	—	1900	7 50
384	Guyau (M.)	L'irréligion de l'avenir	1	—	1906	7 50
385	—	Esquisse d'une morale sans obligation ni sanction	1	—	1907	5 00
386	Haeckel (E.)	Les énigmes de l'univers	1	—	s. d.	2 00
387	Hébert (M.)	Le pragmatisme	1	In-12	1909	3 50
388	Höffding (H.)	Esquisse d'une psychologie fondée sur l'expérience (trad. L. Poitevin)	1	In-8	1906	7 50
389	—	Philosophes contemporains (trad. A. Tremesaygues)	1	—	1908	3 75
390	—	La pensée humaine. Ses formes et ses problèmes (trad. J. de Coussanges)	1	—	1911	7 50
391	Jacob (B.)	Devoirs. Conférences de morale individuelle et de morale sociale	1	In-12	1908	3 50
392	Janet (Paul)	Lectures variées de littérature et de morale	1	—	1890	3 00
393	Janet (Pierre)	Les névroses	1	—	1909	3 50
394	Lacombe (P.)	La guerre et l'homme	1	—	1903	3 50
395	Lévy-Bruhl (L.)	Les fonctions mentales dans les sociétés inférieures	1	In-8	1910	7 50
396	Mach (E.)	La connaissance et l'erreur	1	In-12	1908	3 50
397	Marion (H.)	Leçons de morale	1	—	1887	4 00
398	Maxwell (J.)	Le crime et la société	1	—	1909	3 50
399	Milhaud (G.)	Nouvelles études sur l'histoire de la pensée scientifique	1	In-8	1911	5 00
400	Mill (J. Stuart)	Mes mémoires. Histoire de ma vie et de mes idées (trad. Cazelles)	1	—	1903	5 00
401	Parodi (D.)	Le problème moral et la pensée contemporaine	1	In-12	1909	2 50

NUMÉROS D'ORDRE	NOMS DES AUTEURS	TITRE DES OUVRAGES	NOMBRE DE VOLUMES	FORMAT	DATE de L'ÉDITION	PRIX FORT
						fr. c.
		Philosophie et Morale (*suite*).				
402	Paulhan (F.)	Les types intellectuels — Esprits logiques et esprits faux	1	In-12.	1896	7 50
403	Quinet (E.)	Histoire de mes idées	1	—	s. d.	3 50
404	—	L'enseignement du peuple	1	—	—	3 50
405	Rey (A.)	Leçons élémentaires de psychologie et de philosophie. 8ᵉ éd.	1	In-8.	1911	6 50
406	Ribot (Th.)	Les maladies de la mémoire	1	In-12.	1906	2 50
407	—	Les maladies de la volonté	1	—	—	2 50
408	—	La psychologie des sentiments	1	In-8.	1908	7 50
409	Roubinovitch (J.)	Aliénés et anormaux	1	—	1910	6 00
410	Roustan (D.)	Leçons de philosophie. I. Psychologie.	1	—	s. d.	5 50
411	Spencer (H.)	Une autobiographie	1	—	1907	10 00
412	Sieeg	La vie morale	1	In-12.	1889	3 50
413	Tarde (G.)	Les lois de l'imitation	1	In-8.	1904	7 50
		Science de l'éducation.				
414	Alengry (F.)	Psychologie et éducation I. Leçons de psychologie	1	In-8.	s. d.	3 50
		II. Applications à l'éducation	1	—	—	3 00
		III. Psychologie et morale appliquées à l'éducation	1	—	—	3 50
415	Aulard (A.)	Napoléon Iᵉʳ et le monopole universitaire. Origines et fonctionnement de l'Université impériale	1	In-12	1911	4 00
416	Bain (A.)	La science de l'éducation (traduction)	1	—	1880	6 00
417	Basch (V.), Blum (L.), Croiset (A.), Lanson (G.), Parodi (D.), Reinach (Th.), Lévy-Wogue (F.) et Pichon (R.)	Neutralité et monopole de l'enseignement	1	In-8.	1912	6 00
418	Beaufreton (M.)	L'enseignement ménager	1	In-12.	1908	2 00
419	Binet (A.)	Les idées modernes sur les enfants	1	—	1909	3 50
420	Blackie (J.-S.)	L'éducation de soi-même (trad. Pécaut)	1	—	1881	1 25
421	Brouard (E.) et Defodon (Ch.)	Inspection des écoles primaires	1	—	—	3 50
422	Buisson (F.), Cohen (L.), Dessoye (A.), Fournière (E.), Latreille (G.), Lebey (R.), Letaconnoux (J.), Roger-Lévy, Seignobos (Ch.), Schmidt (Ch.), Tchernoff (J.) et Fouley (E.)	La lutte scolaire en France au dix-neuvième siècle	1	In-8.	1912	6 00

Science de l'éducation (suite).

NUMÉROS D'ORDRE	NOMS DES AUTEURS	TITRE DES OUVRAGES	NOMBRE DE VOLUMES	FORMAT	DATE de L'ÉDITION	PRIX FORT
						fr. c.
423	Cadet (F.)	L'éducation à Port-Royal	1	In-12.	1887	3 50
424	Carré (I.)	Les pédagogues de Port-Royal	1	—	1887	3 00
425	Cellerier (L.)	Esquisse d'une science pédagogique. Les faits et les lois de l'éducation	1	In 8.	1910	5 00
426	Claparède (d'E.)	Psychologie de l'enfant et pédagogie expérimentale. 4ᵉ édition	1	—	1911	3 50
427	Compayré (G.)	Cours de pédagogie	1	...	s. d.	4 00
428	—	L'évolution intellectuelle et morale de l'enfant	1	In-8.	1910	7 50
429	—	Histoire critique des doctrines de l'éducation	2	In-12.	1881	7 00
430	—	Histoire de la pédagogie	1	—	s. d.	4 00
431	—	Organisation pédagogique des écoles primaires	1	—	1890	3 50
432		Conférences du laboratoire d'hygiène scolaire 1912. L'enseignement de la puériculture par M. le Dʳ Pinard et M. le Dʳ Méry	1	In 8.	1912	3 00
433		Conférences du Musée pédagogique, 1908. L'enseignement du dessin, par MM. L. Guébin, A. Keller, G. Quénioux, P. Cathoire, L. Francken	1	—	1908	3 50
[300]		Conférences du Musée pédagogique, 1911. L'enseignement des leçons de choses dans les classes primaires des lycées de filles et dans les écoles primaires de filles, par Mᵐᵉ A. Amieux (voir n° 300.)	1	—	1911	2 50
[301]		Conférences du Musée pédagogique 1912. L'enseignement des leçons de choses par MM Bruker et Caustier (voir n° 301.)	1	—	1912	3 50
434		Conférences pédagogiques faites aux instituteurs primaires délégués à l'Exposition universelle de 1878	1	In-12.	1881	2 50
435	Danhauser (A.)	Théorie de la musique	1	In-4.	1888	4 00
436	Dugas (L.)	Le problème de l'éducation. Essai de solution par la critique des doctrines pédagogiques. — 2ᵉ édition	1	In 8.	1911	5 00
437	—	L'éducation du caractère	1		1912	5 00
438	Egger (E.)	Observations et réflexions sur le développement de l'intelligence et du langage chez les enfants	1	—	1881	2 50
439	Fénelon	De l'éducation des filles. — Édit. Defodon	1	—	1882	1 50
440	Friedel (V.-H.)	La pédagogie à l'étranger. Problèmes et solutions. Obligation scolaire et post-scolaire Préparation professionnelle des instituteurs. Médecins scolaires. Tribunaux pour enfants criminels	1	—	1910	3 50
441	Gache (F.)	L'éducation du peuple	1	—	s. d	3 50
442	Gaufrès (M.-J.)	Horace Mann, son œuvre, ses écrits	1	—	1897	2 00
443	Gobron (L.)	Législation et jurisprudence de l'enseignement public et de l'enseignement privé en France et en Algérie	1	—	1900	15 00
444	Gréard (O.)	L'éducation des femmes par les femmes	1	In 12.	1883	3 50
445		Éducation et instruction (Enseignement primaire)	1	In-8.	1905	3 50
446	Guillaume (J.)	Pestalozzi	1	In-12.	1890	3 50
447	Guimps (R. de)	Histoire de Pestalozzi, de sa pensée et de son œuvre	1	In 8.	1874	6 00

NUMÉROS D'ORDRE	NOMS DES AUTEURS	TITRE DES OUVRAGES	NOMBRE DE VOLUMES	FORMAT	DATE de L'ÉDITION	PRIX FORT fr. c.
		Science de l'éducation (suite).				
448	Guyau (M.)...	Éducation et hérédité...............	1	In-8.	1902	5 00
449	Hippeau (C.)...	L'éducation et l'instruction..........	1	In-12	1885	4 00
450	Jacob (H.)...	Pour l'école laïque. — Conférences populaires...............	1	—	s. d.	1 00
451	James (W.)...	Causeries pédagogiques (trad. L.-S. Pidoux)...............	1		1912	2 50
452	Kant (E.)...	Traité de pédagogie (trad. Barni)....	1		1881	1 50
453	Kergomard(Mᵐᵉ)	L'éducation maternelle dans l'école..	2		1886	3 50
454	Klein (F.)...	Mon filleul au « jardin d'enfants ». Comment il s'instruit...........	1		1912	3 50
455	Lacombe (P.)	Esquisse d'un enseignement basé sur la psychologie de l'enfant........	1		1903	3 00
456	Leblanc (R.)	L'Enseignement professionnel en France au début du xxᵉ siècle.........	1		1905	3 50
457	Locke.......	Pensée sur l'éducation.— Édit. Compayré.	1	—	1882	3 50
458	Maillet (E.)...	Psychologie de l'homme et de l'enfant appliquée à la pédagogie...........	1		1890	4 50
459	Maintenon (Mᵐᵉ de)...	Extraits de ses lettres sur l'éducation. — Édition Gréard............	1		1884	3 00
460	—	Éducation et morale. — Édition Cadet et Darin...............	1	—	1885	2 00
461	Marion (H.)..	Leçons de psychologie appliquée à l'éducation...............	1	In-12.	1882	4 50
462	Mathieu (A.) et Blanguernon (E.)	Leçons de pédagogie. — Théorie — Pratique — Administration scolaire — Examens pédagogiques...........	1	—	s. d.	4 00
463	Mauxion (M.).	L'éducation par l'instruction et les théories pédagogiques de Herbart.....	1	—	1901	2 50
464	Ministère de l'Instruction publique...	Recueil de monographies pédagogiques publiées à l'occasion de l'Exposition universelle de 1889.............	6	In-8.	1889	»
465	—	Manuel d'exercices gymnastiques et de jeux scolaires...............	1	In-8.	1891	»
466	—	Rapport sur l'organisation et la situation de l'enseignement primaire public en France...............	1	—	1900	»
467	—	L'inspection académique............	1	—	1900	2 50
468	—	L'inspection de l'enseignement primaire.	1	—	—	2 50
469	Moreau (P.) et Voulquin (G.)	Les sports modernes illustrés........	1	In-4.	s. d.	26 00
470	Necker de Saussure (Mᵐᵉ)	L'éducation progressive ou étude du cours de la vie...............	2	In-12	s. d.	5 00
471	Pape-Carpantier (Mᵐᵉ)	Manuel des maîtres. — Période élémentaires. — 1ᵉ année préparatoire.....	2	—	1881	5 00
472	—	Enseignement pratique dans les salles d'asile...............	1	In-8.	1881	6 00
473	—	Conseils sur la direction des salles d'asile	1	In-12.	1880	1 50
474	Payot (J.)...	L'éducation de la volonté...........	1	In-8.	1907	5 00
475	Pécaut (Félix).	Études au jour le jour sur l'éducation nationale...............	1	In-12	1880	4 00
476	—	L'éducation publique et la vie nationale.	1	—	1897	3 00
477	—	Quinze ans d'éducation.............	1	—	s. d.	2 50
478	Pellisson (M.).	Les œuvres auxiliaires et complémentaires de l'école en France...........	1	In-8	1903	3 00

BIBLIOTHÈQUE DE L'ENSEIGNEMENT PUBLIC

Science de l'éducation (suite).

NUMÉROS D'ORDRE	NOMS DES AUTEURS	TITRE DES OUVRAGES	NOMBRE DE VOLUMES	FORMAT	DATE de l'ÉDITION	PRIX FORT
479	Pellisson (M.)	Les bibliothèques populaires à l'étranger et en France	1	In-8.	1906	3 00
480	Pérez (B.)	Les trois premières années de l'enfant	1	--	1902	5 00
481	Pestalozzi	Comment Gertrude instruit ses enfants (trad. Darin)	1	In-12.	1882	3 50
482	Pichard (A.-F.) et Wissemans (A.)	Nouveau code de l'instruction primaire	1	--	1905	4 00
483	Pinloche (A.)	Principales œuvres pédagogiques de Herbart	1	In-8.	1894	2 50
484	--	Pestalozzi et l'instruction populaire moderne	1	--	1902	2 50
485	Philippe (Ch.-L.)	La mère et l'enfant (3ᵉ édit.)	1	In-12.	1911	3 50
486	Quénioux (G.)	Manuel de dessin à l'usage de l'enseignement primaire	1	--	1910	3 50
487	Réaume (E.)	Rabelais et Montaigne pédagogues	1	--	1886	2 50
488	Rémusat (Mᵐᵉ de)	Essai sur l'éducation des femmes	1	--	1903	3 00
489	Rousseau (J.-J.)	Émile ou de l'éducation -- Édition complète	1	--	1877	4 50
490	Rousselot (P.)	La pédagogie féminine	1	--	1881	1 50
491	Schmit (H.)	Les arrêts du Conseil supérieur de l'Instruction publique de 1887 à 1898	1	In-8.	1899	6 00
492	--	-- -- de 1899 à 1902	1	--	1903	3 50
493	--	-- -- de 1903 à 1905	1	--	1906	7 50
494	Spencer (Herbert)	De l'éducation intellectuelle, morale et physique (traduction)	1	--	s. d.	5 50
495	Sully (J.)	Études sur l'enfance	1	In-12.	1898	10 00
496	Thierry (A.)	L'homme en proie aux enfants	1	--	1910	3 50
497	Toulouse (Dʳ)	Comment former un esprit	1	--	1908	3 50
498	Vessiot (A.)	L'enseignement à l'école	1	--	1886	3 50
499	--	L'éducation à l'école	1	--	1885	3 50

BIBLIOTHÈQUE CIRCULANTE

SECTION V
PÉRIODIQUES

NUMÉROS D'ORDRE	NOMS DES AUTEURS	TITRE DES OUVRAGES	NOMBRE DE VOLUMES	FORMAT	DATE de L'ÉDITION	PRIX FORT
		Périodiques.				
500	....	Première série. — Bulletin des bibliothèques populaires (Bulletin critique de livres nouveaux, en français, parus sur tous les sujets.)..............				
		Tome Ier................	1	in-8.	1906	5 00
		Tome II.................	1	—	1907	5 00
		Tome III................	1	—	1908	5 00
		Tome IV................	1	—	1909	5 00
		Deuxième série. — Revue critique des livres nouveaux............				
		Tome V.................	1	—	1910	5 00
		Tome VI................	1	—	1911	6 00
		Tome VII...............	1	—	1912	6 00

MELUN, IMPRIMERIE ADMINISTRATIVE. — M. P. H E

www.ingramcontent.com/pod-product-compliance
Lightning Source LLC
Chambersburg PA
CBHW060919050426
42453CB00010B/1811